Walter Bertleff
Heiter bis Wolkig

AF237334

Der Autor

Walter Bertleff wurde am 29.01.1963 in Geilenkirchen geboren, wo er noch heute lebt. Nach seiner Schulzeit absolvierte er eine Ausbildung zum Friseur. Später legte er die Meisterprüfung vor der Handwerkskammer Aachen ab. Im Anschluss daran eröffnete Walter Bertleff einen Herrenfriseursalon in seinem Heimatort Geilenkirchen, den er seit Dezember 1993 betreibt.

Schon seit dem frühen Erwachsenenalter liebt er das Schreiben und insbesondere das Dichten. Seine ersten Lesungen fanden zunächst in seinem Herrensalon statt. Rund 250 Gedichte hat er bereits geschrieben.

Eine Auswahl veröffentlichte Walter Bertleff in seinem Erstlingswerk „Wahre Lebensfreuden". Anschließend folgte sein zweites Buch mit dem Titel „Ist das Leben nicht herrlich?". Mit seinem neusten Werk „Heiter bis Wolkig" bringt er bereits sein drittes Buch in den Handel.

Walter Bertleff

Heiter bis Wolkig

Unterhaltsame und nachdenkliche
Gedichte

Bibliographische Informationen der Deutschen Nationalbibliothek:
Die Deutsche Nationalbibliothek verzeichnet diese Publikation in der Deutschen Nationalbibliographie; detaillierte bibliographische Daten sind im Internet über http:// dnb.dnb.de abrufbar.

ISBN: 9783756208357

© 2022 Walter Bertleff, Geilenkirchen
Herstellung und Verlag:
BoD - Books on Demand, Norderstedt

Covergestaltung: Marcus Bertleff

🖥 www.walter-bertleff.de
✉ info.walterbertleff@gmail.com
🅵 Walter Bertleff
🅾 walter_bertleff

Inhalt

Liebe Leserinnen und Leser,

nachdem ich zwei Bücher mit größtenteils humorvollen Gedichten veröffentlicht habe, wollte ich diesmal ein Buch schreiben, dass verschiedene Themenbereiche umfasst. Das Spektrum reicht von zwischenmenschlichen Beziehungen wie Liebe und Trennung, von der Geburt bis hin zum Tod, aber auch Gedichte, die Mut machen und Zuversicht verbreiten sollen.

Mir war es aber auch wichtig über persönliche, bzw. autobiographische Themen zu schreiben.

Ein paar Gedichte beschäftigen sich auch mit dem Thema Pandemie, wobei es bei dem Gedicht „Ran an das Toilettenpapier" auch mal witzig zu geht.

Einige ernstere Gedichte, die von den Themen Flucht und von den erstrebenswerten Zielen einer heilen und friedlichen Welt handeln, sind ebenfalls Gegenstand dieses Buches.

Drei Gedichte befassen sich mit dem Thema Heimat, bzw. mit der Umgebung wo ich geboren und aufgewachsen bin und noch heute lebe.

Natürlich geht es bei einigen Gedichten auch recht heiter zu.

Ich wünsche Ihnen beim Lesen der heiteren und wolkigen Gedichte viel Freude!

Ihr

W. Basecott

Heiter bis Wolkig

Heiter bis Wolkig, so ist unser Leben
Mal traurig, mal spürt man das Herz beben
Es gibt Tage zum Lachen und Tage zum Weinen
Mal wird es regnen und mal die Sonne scheinen

Ich lasse meinen Bleistift schwingen

Musiker lassen ihre Melodien erklingen
Ich lasse in meiner Hand den Bleistift schwingen
Brauche dazu keine Noten und kein Instrument
Sondern nur Stift und Papier, als Fundament

Lasse meine Gedanken nicht mit meiner Stimme heraus
Drücke sie lieber in Form von Gedichten aus
Ich möchte damit die Menschen berühren
Und sie in meine Gedankenwelt entführen

Ob nun melodisch oder in Form von Gedichten
Beides sind Ausdruck von Geschichten
Jeder tut dies auf seine Art und Weise
Und nimmt sie mit auf eine musikalische oder dichterische Reise

Der Kreislauf des Lebens

Man wird geboren und das Leben erwacht
Eine lange Reise beginnt
Es muss gut überlegt sein, was man aus der Reise macht
Weil die Zeit wie im Flug verrinnt

Das Leben bietet viele Chancen
Man muss sie nur auch sehen
Oft sind es nur kleine Nuancen
Diese erkennen und verstehen

Seine Zeitreise sinnvoll gestalten
Dann ist keine Sekunde vergebens
Das Kind in sich behalten
So gelingt der Kreislauf des Lebens

Der Zeitraum von der Geburt bis zum Tod ist die Lebensspanne die uns zu Verfügung steht.

Jeder einzelne Tag der verstreicht kehrt nie mehr zurück.

Deshalb sollten wir diese Lebensspanne sinnvoll nutzen.

Das Leben ist ein Geschenk

Das Leben ist ein Geschenk
Es liegt an uns, was wir daraus machen
Ob wir es lieben, oder eher hassen
Oder sinnlos verstreichen lassen

Das Leben bietet viele Chancen
Wir müssen sie nur auch sehen
Wir können uns frei entfalten
Unser Leben selbst gestalten

Wenn wir unserem Leben einen Inhalt geben
Und unsere Ziele gewissenhaft verfolgen
Wichtigen Dingen eine Bedeutung geben
Und nach echten, wahren Werten leben

Dann wird unser Leben gehaltvoll sein
Erfüllt voller Liebe und Glück
Alltagssorgen lassen sich verschmerzen
Mit Fröhlichkeit in unseren Herzen

Wir werden in dieser Welt hineingeboren
Irgendwann müssen wir sie wieder verlassen
Vielleicht werden wir den Sinn erst verstehen
Wenn wir vor der letzten Türe stehen

Deine innere Stimme

Lasse dich nicht in ein Schema zwängen
Lasse dich von niemanden und nichts bedrängen
Lasse dir nicht sagen, was gut für dich ist
Oder was und wer du eigentlich bist

Behalte deine Identität
Und die Muße für deine Kreativität
Lasse deine Stärken in dir walten
Und dich nicht von anderen leiten

Lebe dein Leben selbstbestimmt
Erkenne den Funken der in dir glimmt
Gestalte die Zukunft in deinem Sinne
Und höre auf deine innere Stimme

Wie ein Adler fliegen

Ich möchte wie ein Adler fliegen
Und die Welt von oben sehen
Mich in grenzenloser Freiheit wiegen
Schwebend den Horizont erspähen

Lasse alle Sorgen unter mir
Denke nicht an Raum und Zeit
Genieße die Aussicht über mir
Sehne mich nach unendlich weit

Wer an sich glaubt und sich seiner Stärken bewusst ist, kann im wahrsten Sinne des Wortes Berge versetzen.

Glaub an dich

Sage niemals: Das schaff ich nicht
Sage niemals: Das kann ich nicht
Sage nicht: Es macht keinen Sinn
Sage nicht: Wie kriege ich das hin

Sage nicht: Es ist alles vorbei
Alles bricht auf einmal entzwei
Fange nicht an, an dir zu zweifeln
Fange an, alle Zweifel abzustreifen

Glaube an die Stärke, die in dir steckt
Weil sie schlummernde Kräfte weckt
Du bestimmst den Weg, den du gehst
Und welche Pläne du auch immer hegst

Dann wird das Unmögliche möglich sein
Wenn du Fehler machst, mach sie allein
Du wächst an den Aufgaben Stück für Stück
Gehe stetig weiter, aber niemals zurück

Das Leben stellt jeden von uns täglich vor neue Herausforderungen.
Mit einer positiven Lebenseinstellung und gesundem Selbstwertgefühl, kann jede Situation des Alltags gemeistert werden.

Das Leben ist nicht immer heiter

Das Leben ist nicht immer heiter
Mal bleibt man stehen, mal geht man weiter
Mal schwarzweiß, mal kunterbunt
Manchmal holprig, mal läuft es rund

Lass dich nicht verbiegen, niemals unterkriegen
Wehre dich gegen Lügen und gemeine Intrigen
Immer aufrecht, stolz und selbstbewusst
Voller Energie und Lebenslust

Verfolge deine Ziele mit Leidenschaft
Optimistisch, niemals zweifelhaft
Mit gesundem Selbstvertrauen
Kannst du positiv in die Zukunft schauen

Frühlingszeit

Wenn draußen die Natur erwacht
Blumen erstrahlen zu einer wahren Farbenpracht
Die Sonnenstrahlen uns erwärmen
Bienen versammeln sich zu großen Schwärmen

Verliebte spüren ein Kribbeln im Bauch
Der Frühlingsduft, uns vertraut
Es weht ein angenehmer, lauer Wind
Der Verliebten Frühlingsgefühle überbringt

Es drängt uns raus, die Natur zu erkunden
Die dunkle Jahreszeit ist überwunden
Draußen ist das Leben längst bereit
Für die langersehnte Frühlingszeit

Der Wonnemonat Mai

Der schöne Wonnemonat Mai
Lässt verliebte Herzen schneller schlagen
Schweben auf Wolken - sorgenfrei
Wollen eine Liebesreise wagen

Die Vögel zwitschern fröhliche Lieder
In Moll und auch in Dur
Es blüht und duftet überall der Flieder
Liebespärchen träumen von L'amour

Unter einer Linde

Ich sitze unter einer Linde auf einer Bank
Und schaue auf eine Blumenwiese
Dort ging ich schon als Kind entlang
Wo farbenprächtige Blumen sprießen

Beobachte Schmetterlinge, Hummeln und Bienen
Wie sie die Blüten bestäuben
Von einer Blüte zur nächsten fliegen
Und unsere Gemüter erfreuen

Hier finde ich meinen Seelenfrieden
Fernab von all der lauten Welt
Kann manche Zukunftspläne schmieden
Auf eine gedankliche Reise gehen – ohne Geld

Eine rote Rose

Eine Liebe die neu beginnt
Ist wie eine rote Rose
Blüht anfangs noch ganz zart
Erstrahlt später in voller Pracht

Ihr schönes rotes Blütenkleid
Sagt leise: Ich liebe dich
Wenn auch die Jahre vergehen
Bleibt die Liebe fortbestehen

Als Zeichen meiner Liebe
Schenk' ich dir diese Rose
In guten und in schlechten Tagen
Sollst du sie in deinem Herzen tragen

Wer in den Bergen lebt, schenkt seiner Frau als Liebeserklärung gerne anstatt einer roten Rose, ein Edelweiß.

Ich schenke dir ein Edelweiß

Ich kann es nicht mit Worten sagen
Was ich für dich fühl'
Mein Herz fängt an ganz laut zu schlagen
Wenn ich dich nur berühr'

Schau' ich in deine blauen Augen
Dann wird mir sofort klar
Es lohnt sich an seinen Traum zu glauben
Manchmal werden Träume wahr

Darum will ich dir heut was schenken
Weil ich dich ja so mag
Denn du sollst immer an mich denken
Heut und an jedem Tag

Ich schenke dir ein Edelweiß
Als Zeichen meiner Liebe
Von mir ein herzlicher Treuebeweis
Wünsche mir, dass es so bliebe

Ein Gedicht, dass mir sehr viel bedeutet.

Seelenverwandt

Wenn ich falle, fängst du mich auf
Du fängst mich ein, wenn ich mich verlauf'
Wohin ich auch gehe, bist du der Schatten neben mir
Du wärmst mich auf, damit ich nicht erfrier'

Du kennst die Antwort, bevor ich die Frage stell'
Der dunkelste Raum erscheint durch dich strahlend hell
Du bist der Ausweg aus meinem Labyrinth
Eine lange Reise, die mit dir beginnt

Du hast mir gezeigt, was Liebe ist
Und Zärtlichkeit, wenn du mich küsst
Du bist mein kostbarer Diamant
Wir sind uns ähnlich, wir sind seelenverwandt

Man sollte viel öfter Danke sagen.

Danke

Danke, für deine unendliche Liebe
Danke, für dein wahres Vertrauen
Danke, für dein tiefes Verstehen
Danke, für dein mit dem Herzen sehen

Danke, für dein ansteckendes Lächeln
Danke, für die Freude, die du mir schenkst
Danke, für deine einzigartige Geduld
Danke, für das Vergeben meiner Schuld

Danke, dass ich mit dir träumen darf
Danke, für deine unbändige Leidenschaft
Es gibt jemanden, der dich von Herzen liebt
Und danke sagt, dass es dich gibt

Mit dir

Mit dir möchte ich auf Reisen gehen
Mit dir möchte ich ferne Länder sehen
Mit dir den höchsten Berg besteigen
Mit dir an den schönsten Stränden verweilen

Mit dir möchte ich vor Freude lachen
Mit dir Kind sein und lauter Blödsinn machen
Mit dir durch schwere Zeiten schreiten
Mit dir träumen von unendlichen Weiten

Mit dir möchte ich Freude und Kummer teilen
Mit dir Schmerzen und Wunden heilen
Mit dir Tränen der Trauer weinen
Mit dir die schönsten Gedichte reimen

Das alles wünsche ich von Herzen mir
Ein Leben voller Liebe und Glück, nur mit dir

Ich liebe dich

Oh, mein Schatz, ich liebe dich
Du bist der helle Schein für mich
Lässt für mich die Sonne scheinen
Und niemals dunkle Wolken weinen

Schiebst die Regenwolken weiter
Dahinter wird der Himmel heiter
Strahlst sogar bei Dunkelheit
Erwärmst mein Herz zu jeder Zeit

Was man nicht alles aus Liebe für seine Frau tut.

.

Eine Liebeserklärung an meine Frau

Ich lese jeden Wunsch von den Augen dir ab
Weiß genau was ich an dir hab´
Trage den Müll hinaus ohne zu klagen
Im Winter, bei Sturm und an Regentagen

Hänge im Waschraum nasse Kleidung auf
Hole aus dem Keller Kartoffeln zum Schälen herauf
Putze das Badezimmer und schrubbe die Dusche
Peinlichst genau, bis in die kleinste Fuge

Sammle vom Rasen und Beeten die Blätter
Gehe mit dir spazieren, bei jedem Wetter
Räume ohne zu meckern die Spülmaschine aus
Kehre die Terrasse und den Bürgersteig vor dem Haus

Gestatte dir vor dem Einschlafen Fernsehen zu gucken
Störe dich nicht, versuche nicht mal zu zucken
Gebe dir einen Kuss vor dem Schlafen gehen
Ich liebe dich, weil wir uns Blind verstehen

Wenn schnarchen zum Problem wird, wofür Männer meist verantwortlich sind, kommen Frauen auf die kuriosesten Ideen, um für diese strittige Angelegenheit eine Lösung zu finden.

Ich schnarche aus Leidenschaft

Ich habe im Schlafzimmer ein Problem
Liege im Bett kuschelig und bequem
Sagt meine Frau zu mir kurzum
Mein lieber Schatz, dreh' dich mal um

Ich schnarche nämlich aus Leidenschaft
Für meine Frau echt alptraumhaft
Sie macht neben mir kein Auge zu
Und findet nicht ihre gewünschte Ruh'

Schnarche in sämtlichen Positionen
Versuchte verschiedenste Konstellationen
Ob Rücken-, Bauch- oder stabile Seitenlage
Wird jede Nacht zu einer furchtbaren Plage

Sie wälzt sich im Bett ständig hin und her
Und meckert mich an: Das ist nicht fair
Pennst felsenfest, so wie ein Stein
Und ich schlafe die halbe Nacht nicht ein

So kann es natürlich nicht weitergehen
Man kann sich wenden und auch drehen
Es nützt kein Jammern und auch kein Fluchen
Einen geeigneten Ausweg gilt es zu suchen

Werde einfach aus dem Schlafzimmer ausquartiert
Und eine vertretbare Lösung ausprobiert
Nächtige nun im Untergeschoss
Weil meine Frau diese Handlung beschloss

Alle Probleme sind im Nu überwunden
Habe im Keller meine Ruhestätte gefunden
Schlafe dort friedlich in Einzelhaft
Schnarche ohne zu nerven, voller Leidenschaft

Ein Mann für alle Fälle

Meine Frau ist wunderbar
Mit ihr da werden Wunder war
Eine Frau der Extraklasse
Und nicht so wie die breite Masse

Immer nett und auch charmant
Sehr gepflegt und elegant
Humorvoll, treu und gute Manieren
Kleidung und Schmuck, die ihre Schönheit zieren

Hervorzuheben ihren guten Geschmack
Stilvoll, ohne Schnick und Schnack
Gemeint bin ich, ihr Jungbrunnen, ihre Quelle
Ihr Ehemann für alle Fälle

Vom Hein die Liesel

Vom Hein die Liesel ist morgens grantig
Das akzeptiert er brav und artig
Sonst hängt bei ihm der Haussegen schief
Ob Liesel nachts gut oder unruhig schlief

Um morgens keinen Streit zu provozieren
Muss Hein ihre mürrische Stimmung respektieren
Sie ist bis mittags nicht ansprechbar
Ein falsches Wort bedeutet Attacke-Gefahr

Selbst beim Frühstücken ist kein Kommunizieren möglich
Höchstens ein knapper Satz: Hein, du störst mich!
Dann ist erstmal Funkstille angesagt
Bis Hein mutig einen zweiten Anlauf wagt

Allmählich ist Liesels Laune aufgehellt
Dem Hein ein Stein vom Herzen fällt
Die angespannte Atmosphäre ist aufgetaut
Liesel hat Hein sogar lächelnd angeschaut

Ansonsten ist Liesel eine nette Person
Was macht ihre knurrige Art da schon
Es gibt Menschen die sind morgens unausstehlich
Andere dagegen von Tagesbeginn an fröhlich

Wenn die Not am größten ist, wird einem erst klar, was im Leben wichtig ist –Toilettenpapier!

Ran an das Toilettenpapier

Der neuste Volkssport von München bis Trier
Heißt: Ran an das Toilettenpapier
Scheißegal welche Marken und Sorten
Hauptsache bergeweise wie Irre horten

In den Märkten herrscht wildes Gedränge
Vor den Regalen eine riesige Menschenmenge
Jeder will das begehrte Produkt
Bevor er später in die Röhre guckt

Dafür werden gute Manieren vergessen
Denn jeder ist vom Kaufrausch besessen
Personal wird beschimpft, ja sogar bedroht
Die Lage wird brenzlich und gerät aus dem Lot

Der Zustand ist kritisch, Panik bricht aus
Doch ohne Toilettenpapier geht niemand nach Haus
Die Einkaufswagen bis zum Rand vollgefüllt
Es wird geschubst, gedrängelt und sich angebrüllt

In der Not wird nun jedem bewusst
Wichtig ist nicht Hunger und Durst
Sondern die ungezügelte Gier
Auf das so geliebte Toilettenpapier

Wenn man sich die ganze Woche gesund ernährt, darf samstags auch mal gesündigt werden.

Samstags ist Fritten essen angesagt

Samstag ist kein gewöhnlicher Wochentag
Samstags ist bei uns Fritten essen angesagt
Darauf wird nämlich niemals verzichtet
Punkt 19:00 Uhr werden sie genüsslich angerichtet

Ob dünne, ob gerippte oder die Dicken
Völlig egal, Hauptsache Fritten
Am liebsten klassisch, rot und weiß
Aus der Fritteuse, knusprig und heiß

Als Beilage servieren wir, je nach Lust
Nuggets, Bami oder `ne Currywurst
Es wird nicht nach Steaks oder Lummerbraten gefragt
Denn samstags, ist bei uns Fritten essen angesagt

Es ist völlig normal das man seinen natürlichen Bedürfnissen nachkommt.
Allerdings ist der richtige Moment entscheidend.

Der Furz

Es liegt irgendetwas in der Luft
Es ist der Furz, mit seinem besonderen Duft
Jeder einzelne hat seine eigene Note
Fällt unter der Kategorie der Verbote

Manchmal entschlüpft er still und leise
Manchmal laut und auf stürmische Weise
Meist ist der Abgang jedoch ungeplant
Der sich auch nicht immer wie erhofft anbahnt

Oftmals auch just im falschen Moment
Manche tun es vollkommen ungehemmt
Einigen ist es sogar gänzlich schnurz
Wo er entflieht und ob lang oder kurz – der Furz

Wenn jemand fernab der Realität lebt, kann irgend-
wann das böse Erwachen kommen.
Die Wirklichkeit holt einen immer wieder ein.
Auch Mr. Brown!

Mr. Brown

Wenn er morgens früh erwacht
Muss er in den Spiegel schau'n
Mr. Brown

Er stylt sein Haar und richtet sich her
Alles für die hübschen Frau'n
Mr. Brown

Meint, wie wunderschön er ist
Wenn auch nur in seinem Traum
Mr. Brown

Fühlt sich wie der Superheld
Ihm ist alles zu zutrau'n
Mr. Brown

Lebt in einer Fantasiewelt
Einem luftleeren Raum
Mr. Brown

Bis sein Kartenhaus zerfällt
Alles Illusion, alles nur Schaum
Mr. Brown

Höchste Zeit, dass er erwacht
Doch er merkt es kaum
Mr. Brown

Macht sich zur Randfigur
Und leider bloß zum Clown
Mr. Brown

Ruckzuck Toni

Wenn der Wasserhahn tropft
Der Abfluss ist verstopft
Ist Toni ruckzuck zur Stelle
Toni, ein Mann für alle Fälle

Ist die Waschmaschine defekt
Die Heizkörper bleiben kalt
Für Toni kein Problem
Repariert alles im Handumdre'n

Kurzschluss an der Spülmaschine
Die Nerven liegen blank
Bevor es noch gibt ein böses erwachen
Lassen wir es den Ruckzuck Toni machen

Es zieht an Fenstern und an Türen
Schimmelbildung an den Wänden
Braucht man Tonis weisen Rat
Hat er die Lösung stets parat

Man nennt ihn Ruckzuck Toni
Ein Mann dem man blind vertraut
Ist bei allen sehr beliebt
Ein Glück, dass es den Toni gibt

Disco-Queen

Sie hat die Haare frisch gestylt
Alles sitzt perfekt
Ein letzter Blick in den Spiegel
Das Outfit durchgecheckt

Sie wird kribbelig und nervös
Die Sehnsucht riesengroß
Schaut nochmal kurz auf die Uhr
Gleich geht die Party los

Denn diese Nacht, ist ihre Nacht
Diese lässt sie sich nicht nehmen
Gehen die Scheinwerfer langsam an
Dann spürt sie ihr Herz beben

Man nenn sie bloß, die Disco-Queen
Steht gerne im Rampenlicht
Vergisst alles, wenn sie tanzt
Im Discolichterglanz

Wenn der Vorhang wieder fällt
Der Abend neigt sich zu, dem Ende
Alle Lichter gehen aus
Freut sie sich aufs nächste Discowochenende

Die Frau auf dem Plakat

Jeden Morgen und jeden Abend
Sehe ich die Frau auf dem Plakat
Sie lächelt mir zu und schaut mich an
Immer wieder bei jeder Fahrt

Mit blauen Augen und blonden Haar
Und verführerischem Blick
Zieht sie mich magisch in ihren Bann
Unerwartet macht es Klick

Sie ist die Frau aus meinem Traum
So wunderschön wie die Loren
Unendlich weit und doch so nah
Doch nur zweimal täglich werde ich sie sehn

Tanzen, tanzen, tanzen

Sie hat die Lautsprecher auf laut gedreht
Und tanzt im Takt der Musik
Dann fühlt sie sich wie befreit
Vergisst ihren Kummer, Schmerz und Leid

In der Schule wurde sie nur verspottet
War im Herzen oft tief verletzt
Von ihren Eltern keine Liebe erfahren
Die Last auf ihren Schultern nur schwer zu ertragen

Jegliches Vertrauen in die Menschheit verloren
Den Glauben und die Zuversicht
Sieht kaum einen Sinn in ihrem Leben
Die Einsamkeit ist wie leises sterben

Doch wenn sie in ihrem Zimmer ist
Die Musik aus den Lautsprechern ertönt
Will sie sich in ihrem Rückzugsort verschanzen
Und nur noch tanzen, tanzen, tanzen

Auch in brenzlichen Situationen sollte man immer einen klaren Kopf behalten.

Jede Sünde wert

Ich saß mit ein paar Freunden
Im Urlaub, draußen an einer Bar
Da ging sie mit aufrechtem Gang
Die Promenade stolz entlang

Der aufregende Duft, von ihrem Parfüm
Ließ meine Augen zu ihr wandern
Eine Schönheit, die man nie vergisst
Weil sie etwas ganz Besonderes ist

Wenn sie die reizvolle Lady mimt
Dann wird es den Männern heiß und kalt
Denn sie weiß mit ihren Blicken
Die Männerherzen zu entzücken

Sie ist eine Frau von Welt
Das weiß sie ganz genau
Sie zog mich magisch an
Wie es nur eine Traumfrau tuen kann

In Gedanken bin ich nah bei ihr
Ein Glück, dass sie es nicht erahnt
Ist es nun richtig oder verkehrt
Sie wäre mir jede Sünde wert

Alles im Leben hat seine Zeit.

Die schöne Jugendzeit

Die besten Jahre sind vergangen
Der Rest des Lebens hat angefangen
Denk ich zurück an Freud' und Leid
Denk ich an die schöne Jugendzeit

Fühlten uns sorglos und frei
Hatten Träume und Pläne vielerlei
Es waren spannende und glückliche Zeiten
Die uns ein Leben lang begleiten

Die Jugendzeit ist lange her
Die Jugendzeit, sie kommt nicht mehr
Tragen Erinnerungen in unseren Herzen
Wenn die Alltagssorgen einmal schmerzen

Es gibt doch nichts Schöneres, als die Schmetterlinge im Bauch zu spüren.
Ein Gefühl, das man Liebe nennt.

Verliebt sein

Das erste Mal verliebt sein
Das erste Mal ein Kribbeln im Bauch
Auf allen Wolken schweben
Spüren wie das Herz anfängt zu beben

Sich im siebten Himmel fühlen
Die Welt in rosa Farben sehen
Liebesgeschichten zusammengereimt
Bis das Morgenrot ins Zimmer scheint

Ein unsagbar schönes Glücksgefühl
Das man kaum beschreiben kann
Wenn dir die Welt zu Füßen liegt
Bist du das erste Mal verliebt

Übermut und halbstark

Zelten bei Regen und Sturm
Der erste Kuss hinter dem Turm
Grillen mit Freunden im Park
Übermut und halbstark

Vom ersten Glas Schnaps leicht berauscht
Liebesgeschichten ausgetauscht
Gesungen, dazu Gitarre gespielt
Und nach hübschen Mädchen geschielt

Auf Nachbarswiesen Äpfel geklaut
Sich waghalsige Mutproben zugetraut
Bei jedem Blödsinn machen dabei
Heiße Sommer und Hitzefrei

Auf Partys Flaschendrehen gemacht
Imponierende Geschichten ausgedacht
Im warmen Sommerregen getanzt
Zum Knutschen hinter Hecken verschanzt

Was war das für eine aufregende Zeit
Ein Rückblick, der in Erinnerung bleibt
Ist alles nun schon eine Ewigkeit her
Eine Zeitreise ohne Wiederkehr

Ich möchte nicht gewöhnlich sein

Ich möchte nicht gewöhnlich sein
So, wie all die andern
Wenn es sein muss, sag ich auch mal nein
Werde nach meinem Willen handeln

Will meine eigene Wege gehen
Immer neue Pläne schmieden
Mir nicht im Wege stehen
Mich niemals verbiegen

Eigene Wege gehen

Hab' mich im Leben oft verrannt
Hab' mich oft selbst nicht mehr erkannt
Hab' oft aufs falsche Pferd gesetzt
War oft und auch zu tiefst verletzt

Hab' mich falschen Freunden anvertraut
Hab' allzu oft auf Sand gebaut
Hab' Einsamkeit und Schmerz erfahren
Die Last auf meinen Schultern kaum ertragen

Hab' den Ausgang aus dem Labyrinth gesucht
Hab' Gott und die Welt dafür verflucht
Hab' oft an mir gezweifelt und verzagt
Mich oft mit was wäre wenn, geplagt

Doch irgendwann lernte ich zu verstehen
Man muss seine eigenen Wege gehen
Nicht andere für eigene Fehler hassen
Sondern sich auf sein Bauchgefühl verlassen

Liebe ohne Leiden

Liebe ohne Leiden
Böse Menschen meiden
Harmonie und Frieden stiften
Nicht vom rechten Weg abdriften

Als Vater möchte man für seine Kinder nur das Beste und das sie gut gewappnet den Weg durch ihr Leben beschreiten.
Ich hoffe, es ist mir einigermaßen gelungen.

Unser leuchtender Stern

An einem Montag bist du geboren
Ein leuchtender Stern in unserem Leben
Habe mir von Anfang an geschworen
Begleite dich auf deinen Wegen

Werde dich immer von Herzen lieben
Immer an deiner Seite sein
Kannst dich stets in Sicherheit wiegen
Wenn du mich brauchst, bist du nicht allein

Will dich Respekt und Anstand lehren
Und selbstbewusst durch das Leben gehen
Falls es nötig ist, sollst du dich wehren
Das Leben in seiner Tiefe verstehen

Sollte dir mal etwas misslingen
Darfst du niemals daran verzagen
Lass dich nicht von deinem Wege abbringen
Sollst lieber einen neuen Anfang wagen

Ich weiß, ich habe Fehler gemacht
Habe es jedoch gut mit dir gemeint
War allzeit auf dein Wohl bedacht
Oft besorgt an deinem Bettchen gewacht

Ich hoffe, dass du mir verzeihst
Und, dass du mich trotz allem liebst
Ich möchte, dass du immer weißt
Dass du etwas ganz Besonderes bist

Unser Sonnenschein

Ein Gedicht will ich dir erzählen
Damit dich keine bösen Gedanken quälen
Es soll dich immer fröhlich stimmen
Und dir gute Laune bringen

Du bist unser Sonnenschein
Lassen dich niemals allein
Wir wollen, dass du glücklich bist
Und alle Sorgen schnell vergisst

Sollst jeden Tag vor Freude lachen
Manchmal sogar Blödsinn machen
Mit anderen Kindern fröhlich spielen
Deine Kuscheltiere natürlich lieben

Träume sollen in Erfüllung gehen
Kleine Wehwehchen rasch vergehen
Irgendwann bist du nicht mehr klein
Dennoch bleibst du unser Sonnenschein

Euer Vater

Ich möchte euer Freund sein
Euch achten und respektieren
Auf Augenhöhe begegnen
Euch den Weg für die Zukunft ebnen

Ich möchte eine Orientierungshilfe sein
Ein Ansprechpartner für eure Sorgen
Mit euch lachen und diskutieren
Nie eure Belange ignorieren

Ich möchte für euch ein Vorbild sein
Euch Werte fürs Leben lehren
Für alle Lebensbereiche ein Berater
Das wünsch ich mir von Herzen

Euer Vater

Wenn ein Kind das Elternhaus verlässt, ist das für eine Mutter besonders schwer zu ertragen und loszulassen.

Mutter, es ist Zeit zu gehen

Mutter, es ist Zeit zu gehen
Ich weiß, du wirst es schweren Herzens verstehen
Bitte Mutter, weine jetzt nicht
Auch wenn dein Herz fast vor Kummer zerbricht

Umarme dich und sage dir leise
Ich gehe jetzt auf eine ungewisse Reise
Geliebte Mutter, gräme dich nicht
Du warst mein ganzes Leben lang mein helles Licht

Fühlte mich in deinen Armen geborgen
Nun muss ich für mich alleine sorgen
Auch aus der Ferne bin ich dir ganz nah
Und wenn du mich brauchst bin ich für dich da

Mutter, ich weiß du wirst verstehen
Doch nun ist es Zeit für mich zu gehen

Ein kleiner Mensch wächst gerade in diese Welt hinein, da muss ein anderer sie wieder verlassen.
So ist der Kreislauf des Lebens.
Die Hoffnung aber bleibt bestehen, dass wir uns irgendwann, irgendwo wieder sehen.

Vielleicht sehen wir uns wieder

Ich habe dich kaum kennengelernt
Da musstest du uns verlassen
Mitten aus dem Leben und viel zu früh
Wir konnten den Verlust kaum fassen

Ich war klein und nicht in der Lage zu begreifen
Wie es ist, einen geliebten Menschen zu verlieren
Es fühlte sich alles unwirklich an
Nicht fähig meine Gedanken zu kontrollieren

Wie wäre mein Leben wohl verlaufen?
Hättest du mich auf meinem Weg begleitet?
Wäre ich ein anderer Mensch geworden?
Wie hättest du mich auf mein Leben vorbereitet?

Wärst du für mich ein Freund geworden?
Jemand dem man blind vertraut?
Und ein offenes Ohr für meine Sorgen?
Ein Vorbild zu dem man gerne aufschaut?

Unsere gemeinsame Zeit war viel zu kurz
Doch ein paar Erinnerungen sind mir geblieben
Trage sie tief in meinem Herzen
Ich werde dich für immer lieben

Wer weiß, vielleicht sehen wir uns wieder
Wenn auch irgendwo unermesslich weit
Dann holen wir alles nach
Haben für was auch immer endlos lange Zeit

Der Zeitraum von der Geburt bis zum Tod ist die Lebensspanne die uns zu Verfügung steht.

Jeder einzelne Tag der verstreicht kehrt nie mehr zurück.

Deshalb sollten wir diese Lebensspanne sinnvoll nutzen.

Das Leben ist ein Geschenk

Das Leben ist ein Geschenk
Es liegt an uns, was wir daraus machen
Ob wir es lieben, oder eher hassen
Oder sinnlos verstreichen lassen

Das Leben bietet viele Chancen
Wir müssen sie nur auch sehen
Wir können uns frei entfalten
Unser Leben selbst gestalten

Wenn wir unserem Leben einen Inhalt geben
Und unsere Ziele gewissenhaft verfolgen
Wichtigen Dingen eine Bedeutung geben
Und nach echten, wahren Werten leben

Dann wird unser Leben gehaltvoll sein
Erfüllt voller Liebe und Glück
Alltagssorgen lassen sich verschmerzen
Mit Fröhlichkeit in unseren Herzen

Wir werden in dieser Welt hineingeboren
Irgendwann müssen wir sie wieder verlassen
Vielleicht werden wir den Sinn erst verstehen
Wenn wir vor der letzten Türe stehen

Erinnerung an ein bewegtes Leben

Wir bleiben leider nicht ewig jung
Was bleibt ist die Erinnerung
An unbeschwerte Kindertage
Waren wir auch nicht immer Herr der Lage

Der Kindergarten, das erste Schuljahr
Damit kamen wir noch locker klar
Später, so ab der fünften Klasse
Fielen so Sätze: man, wie ich Schule hasse

Nach der Schulzeit gab es kein Kneifen
Man musste einen Beruf ergreifen
Fiel die Entscheidung auch noch so schwer
Ein Zurück gab es nicht mehr

Jetzt fängt der Ernst des Lebens an
Denke immerfort daran
Höre ich meine Eltern heute noch sagen
Da halfen kein Jammern und kein Klagen

Plötzlich spürte man ein Kribbeln im Bauch
Einen schnellen Herzschlag spürte man auch
Es wurde nämlich das Interesse geweckt
Und das andere Geschlecht für sich entdeckt

Manchmal hielt die Liebe für immer
Manchmal kam es leider schlimmer
Manchmal lernte man Liebeskummer kennen
Manchmal musste man sich schweren Herzens trennen

Traf man jedoch die richtige Wahl
Führte der Weg meist zum Altar
Was Gott verbindet, darf der Mensch nicht scheiden
Der Bund der Ehe gilt bei Freude und auch bei Leiden

Der Traum vom Haus, er wurde wahr
Gefolgt von einer Kinderschar
Nun war die Familie rundum komplett
So ganz nach Wunsch, einfach perfekt

Die Kinder wurden sichtbar groß
Zu Hause war nun mächtig was los
Des Öfteren hing der Haussegen schief
Weil nicht alles planmäßig lief

Die Kinder sind längst ausgezogen
Geglättet haben sich sämtliche Wogen
Nach Turbulenzen dann und wann
Fängt nun ein neuer Abschnitt an

Die Corona-Pandemie hat uns alle fast an die Grenzen der Belastbarkeit geführt und wird uns auch noch weiterhin begleiten.

Trotzdem sollten wir zuversichtlich in die Zukunft blicken und lernen mit diesem Virus irgendwie zu leben.

Lockdownzeit

Die Straßen sind wie leergefegt
Eine gespenstische Ruhe überall
Meschen sind kaum noch zu sehen
Die Stille ist wie lautes Flehen

Kontakte sind stark eingeschränkt
Das gesellschaftliche Leben steht fast still
Seelen, die sich in Einsamkeit verlieren
Herzen, die von fehlender Wärme erfrieren

Ein Ende ist noch lange nicht in Sicht
Kein Weg führt aus der Pandemie
Ich bin es wirklich langsam Leid
Diese niemals endende Lockdownzeit

Viele Menschen haben auf Grund der Pandemie Einsamkeit erfahren, weil das gesellschaftliche Leben stark eingeschränkt wurde.
Gerade für ältere Leute und Kinder war es eine große Belastungsprobe.

Hallo, aus der Ferne

Ich sage: Hallo, doch nur aus der Ferne
Dich umarmen, würde ich so gerne
Wieder deine Nähe spüren
Mich nicht in Einsamkeit verlieren

Dir meine Hände reichen
Dir nicht von der Stelle weichen
Dir deine Wangen küssen
Dich nicht mehr vermissen

Wann wird das wieder möglich sein?
Wann fühlen wir uns nicht mehr allein?
Meine Gedanken sind stets bei dir
Ich hoffe, die deinen sind bei mir

Silvester wie es früher war

Feuerwerk in der Silvesternacht
So begrüßten wir das neue Jahr
Mit großer Freude und unbedacht
Den ersten Tag im Januar

Dann ließen wir die Korken knallen
Und riefen laut: Prosit Neujahr!
Raketen hoch am Himmel hallen
Und Böller zünden, war doch klar

Wir feierten bis in die Morgenstunden
Tranken Bier und Schnaps und Wein
Drehten beim Tanzen so manche Runden
Und schenkten noch ein Gläschen ein

Vielleicht feiern wir wieder irgendwann
Das wäre wirklich wunderbar
Und keine Pandemie hindert uns daran
Ein Silvester wie es früher war

Demut und Dankbarkeit

Demut und Dankbarkeit
Zählen zu den wahren Werten
Wichtiger als Erfolg und Eitelkeit
Was uns die Weisen lehrten

Eher in Bescheidenheit leben
Respektvoll und mit guten Manieren
Nie über den Wolken schweben
Niemals die Bodenhaftung verlieren

Wer hin und wieder fünfe gerade sein lässt, das Leben nicht so ernst nimmt und das Glas eher halb voll, als halb leer sieht, hat eindeutig mehr vom Leben.

Immer locker bleiben

Die Menschen sind mir zu verkrampft
Stehen ständig unter Dampf
Mussten einfach locker bleiben
Sorgen kurzerhand vertreiben

Nicht gleich in trübe Gedanken versinken
Lieber ein kleines Likörchen trinken
Wer das kapiert, der wird versteh'n
Das Leben ist dann doppelt so schön

Das Leben ist wie ein Bumerang

Wie man in den Wald hineinruft
So schallt es wieder heraus
Dieses Sprichwort, dass viele Menschen kennen
Kann man in vielen Zusammenhängen nennen

Gehen wir mit unserer Erde pfleglich um?
Oder scheren wir uns einen Käse darum?
Treten wir den Menschen respektvoll gegenüber?
Oder nicht und ignorieren wir sie lieber?

Mögen und schätzen wir die Natur?
Oder missachten wir sie sorglos und stur?
Schenken wir den Kindern hinreichend Aufmerksamkeit?
Oder verlernten wir, dass Gebot der Fürsorglichkeit?

Werden ältere Menschen genügend geachtet?
Oder werden sie nur als störend betrachtet?
Hat Nächstenliebe noch Bedeutsamkeit?
Oder zählt Nächstenliebe längst zur Vergangenheit?

Wahre Erfüllung erfahren wir im Geben
Und Liebe verschenken an Menschenleben
Das Verschenken von Liebe und Glück
Ist wie ein Bumerang, es kommt tausendfach zurück

Die Liebe bleibt

Wenn die Ereignisse uns an den Abgrund treiben
Wenn wir unsicher sind und unsäglich leiden
Wenn uns Angst und Einsamkeit an die Grenzen führen
Wir hilflos sind und Leere spüren

Wenn wir nicht, wissen wie es weiter geht
Wenn Schreie klingen wie ein Gebet
Wenn Hoffnung schwindet in der Dunkelheit
Ist die Liebe die Wahrheit, die übrig bleibt

Den Glauben an das Gute dürfen wir niemals ver-
lieren und keinesfalls Müde werden uns für Frieden
und Freiheit auf friedliche Weise einzusetzen.

Nie mehr

Ich will nie mehr Menschen leiden sehen
Nie mehr, dass Menschen in Kriege ziehen
Nie mehr von Flucht und Vertreibung hören
Nie mehr, dass Bombenhagel Häuser zerstören

Nie mehr, dass Kinder vor Hunger leiden
Nie mehr, dass Soldaten Menschen aus ihren Häusern vertreiben
Nie mehr, dass Mütter um ihre Söhne weinen
Nie mehr, dass Kinder wurden zu Weisen

Wird man meinen Wunsch jemals erhören
Waffenstillstand befehlen von den Kommandeuren
Feinde, die sich die Hände reichen
Waffen, die Kindern mit Blumen weichen

Politiker, die Friedensbotschaften preisen
Von Herzen und auf friedliche weise
Das wäre mein Wunsch und mein Bestreben
Friede auf Erden, ein wahrer Segen

Es ist erschreckend festzustellen wie viele Menschen täglich auf der Flucht sind, um in einem sicheren Land für sich und ihre Familien eine neue Zukunft zu finden und dabei ihr Leben zu riskieren.

Flucht

In einem fernen, weiten Land
Wo Menschen jegliche Hoffnung verlieren
Fassen sie ihren verzweifelten Entschluss
Auf den Meeren ihr Leben zu riskieren

Lassen ihre Vergangenheit und ihre Lieben zurück
Müssen Zwiespalt und Ängste überwinden
Suchen in der Fremde Frieden und Glück
Träumen davon, eine bessere Zukunft zu finden

Gestohlen ihre einzigen Lebensräume
Ein Leben in ständiger Gefahr
Geplatzt sind all ihre Lebensträume
Flucht aus der Heimat in großer Zahl

Lieber Gott

Wenn eine gespenstische Ruhe uns umgibt
Menschen sich versammeln zu einem stillen Gebet
Die Welt scheint plötzlich still zu stehen
Weil die Winde von allen Seiten wehen

Wenn wir nicht wissen wie es weiter geht
Und dabei sind die Kontrolle zu verlieren
Können den Wahnsinn nicht mehr begreifen
Beginnen an der Menschlichkeit zu zweifeln

Wenn wir uns von Eden langsam entfernen
Die Welt erschöpft und kraftlos wirkt
Hoffnungslose Menschen um Erlösung flehen
Keinen Ausweg aus der Ohnmacht sehen

Dann hört man Seelen aus Verzweiflung schreien
Doch wer wird diese Hilferufe verstehen?
Gibt es eine Kraft, wenn auch noch so weit?
Die uns von all dem Leid befreit

Stehe uns bitte bei, lieber Gott
Und lasse uns nicht alleine
Weil die Welt sonst aus den Fugen gerät
Vielleicht ist es noch nicht zu spät

Achte auf die Zeichen

Aus Dunkelheit wird helles Licht
Ein stummer Mund der sein Schweigen bricht
Wo Hoffnung lebt werden Zweifel weichen
Achte auf die stillen Zeichen

Ich glaube daran, dass Menschen verschiedener Kulturen und unterschiedlicher Werte friedlich zusammenleben können, wenn sie sich gegenseitig respektieren und tolerieren.

Dann könnte er wahr werde, mein Traum von einer heilen Welt.

Mein Traum von einer heilen Welt

Ich habe einen Traum
Einen Traum von einer heilen Welt
In der alle Menschen in Frieden leben
Und wo nur die Liebe zählt

Sprechen wir auch nicht dieselbe Sprache
Oder leben in fernen Ländern
Tragen moderne Kleidung
Oder traditionelle Gewänder

Wir haben unterschiedliche Werte
Leben in verschiedenen Kulturen
Pflegen landestypische Traditionen
Hinterlassen eigene Spuren

So sind wir auch alle einzigartig
Genau dies sollten wir respektieren
Und uns gegenseitig vertrauen
Diese Unverwechselbarkeit akzeptieren

Ich glaube, das kann gelingen
Weil Liebe Herzen erhellt
Darum glaube ich an meinen Traum
Meinen Traum von einer heilen Welt

Wir wiegen uns alle eigentlich in Sicherheit und denken, dass alles schon irgendwie funktioniert.
Falls aber mal eine Naturkatastrophe passiert, wie beispielsweise ein Vulkanausbruch, wird einem erst bewusst, wie hilflos wir letztendlich sind.
In solchen Situationen hoffen wir auf eine höhere Kraft, die uns durch diese Krise führt und uns beisteht.

Hilf uns, oh Herr

Die Erde geht auf und Glut tritt aus
Bewohner verlieren Hof und Haus
Ein Feuerregen fällt über die Stadt
Deckt alles zu und macht alles platt

Der Himmel scheint hell wie das Abendrot
Menschen flüchten vor dem sicheren Tod
Eine Mutter hält ihr Kind auf dem Arm
Weil ein Vulkan ihr das Obdach nahm

Um uns herum nur noch Asche und Staub
Ist unser Herrgott denn blind und taub?
Wieviel Leid müssen wir noch ertragen?
Es bleiben noch so viele Fragen

Sind wir selbst an dem Leiden schuld?
Stehen wir kurz vor dem Richterpult?
Sind das alles warnende Zeichen?
Soll uns dies als Botschaft erreichen?

Hilf uns, oh Herr, aus der Dunkelheit
Und führe uns an das Licht der Ewigkeit
Gib uns Liebe, Kraft und Vertrauen
Damit wir hoffnungsvoll in die Zukunft schauen

Die Liebe wird uns leiten

Wenn der Geist zur Ruhe kommt
Das eigene Ich verstummt
Wenn wir innere Leere spüren
Gebete uns zur Stille führen

Wenn Geschrei zum Flüstern wird
Und Hetze zur Gelassenheit
Ablenkungen von uns weisen
Gedanken nicht mehr kreisen

Dann wird es um uns ganz leise
Die Erde scheint still zu stehen
So wie sanfte Meereswellen
Unsere Sinne schärfen und erhellen

Ein neues Bewusstsein wird geboren
Ein neuer Denkprozess fängt an
Lassen uns von der Liebe leiten
Nur sie wird uns den Weg bereiten

Vertrauen auf unsere innere Stimme
Befreien uns von allen Zwängen
Und nur auf das Wesentliche besinnen
Heute und nicht irgendwann beginnen

Der nächste Morgen

Niemand weiß, wohin die Reise geht
Wann man vor der letzten Türe steht
Fängt dort ein neues Leben an
Treffen wir uns wieder irgendwann

Gibt es eine unsichtbare Kraft
Die uns leitet und Hoffnung macht
Niemand kann es mit Gewissheit sagen
Es bleiben noch so viele Fragen

Der Glaube wird uns stets begleiten
Und uns auf unseren Wegen leiten
Fühlen uns durch ihn geborgen
Warten getrost auf den nächsten Morgen

Ich glaube daran, dass es eine höhere Macht gibt, bei der wir Kraft, Vertrauen und Zuversicht finden können und die für uns eine Orientierungshilfe für unser Leben ist.

Wer bist du?

Wir können dich nicht sehen
Wir kennen deine Stimme nicht
Hast du eine irdische Gestalt?
Bist du jung oder schon uralt?

Bist du nur eine Illusion?
Sitzt du irgendwo auf einem Thron?
In den Weiten des Universums?
Oder weilst du unter uns?

Beschäftigen uns auch viele Fragen
Werden wir von deiner Liebe getragen
Wir spüren deine Güte und deine Kraft
Was in uns Hoffnung und Vertrauen schafft

Egal wer du auch bist
Ich weiß, dass du uns beschützt und liebst
Dass du uns Vertrauen schenkst
Und unsere Geschicke lenkst

Man sagt: Der Tod gehört zum Leben.
Deshalb denke ich, kann man auch über dieses Thema ein Gedicht schreiben.

Das ewige Leben

Wenn die Kraft langsam auf das Ende zugeht
Die Uhr des Lebens sich nicht weiterdreht
Jeglicher Mut und Zuversicht schwanden
Sind Leid und Schmerzen überstanden

Wenn der Tod zu einer Erlösung wird
Der letzte Funke Hoffnung in uns stirbt
Der Hauch von Leben, wie vom Winde verweht
Und die Liebsten sich versammeln zu einem Gebet

Dann hat der Herr uns zu sich gerufen
Und steigen hinauf, die letzten Stufen
Das ist der Weg, den müssen wir alle gehen
In der Hoffnung auf das ewige Leben

Früher oder später werden wir alle mit dem Thema Tod konfrontiert, nämlich dann, wenn der Partner, Familienangehörige oder Freunde aus dem Leben scheiden. Spätestens aber beim eigenen sterben.

Was wird sein?

Was wird sein, wenn ich nicht mehr bei dir bin?
Meine Hand dich nicht mehr streicheln kann?
Alles scheint plötzlich ohne Sinn
Es fängt eine ungewisse Reise an

Umarme dich ein letztes Mal
Und gebe dir noch einen letzten Kuss
Das Schicksal lässt uns keine andere Wahl
Bevor ich von dir Abschied nehmen muss

Doch irgendwann sehen wir uns wieder
Ich verspreche dir, dann wird es für immer sein
Irgendwann lege ich mich zu dir nieder
Und lasse dich dann nie mehr allein

Man sollte stets bedenken: Wer hochfliegt, der kann tief fallen.

Hoch hinaus

Manche wollen hoch hinaus
Weil sie immer nur das Beste lieben
Leben gerne in Saus und Braus
Streben danach, auf Brechen und Biegen

Rühmen sich mit den Reichen und Schönen
Und fliegen um die ganze Welt
Lassen sich in den besten Hotels verwöhnen
Weil ihnen das Luxusleben sichtlich gefällt

Doch sollten sie dabei stets bedenken
Alles auf Erden ist nur geliehen
Lieber ihre Sichtweise aufs Wesentliche lenken
Und nicht in eine Traumwelt entfliehen

Jeder Mensch sollte die Möglichkeit bekommen sich zu ändern.
Anstatt wegzuschauen, lieber die Hand reichen!

Die Liebe kann ihm keiner nehmen

Wie ein wildes Tier wird er gejagt
Für seine Taten angeklagt
Das ist der Kerl, hört man sie sagen
Wechseln die Straßenseite, fühlen sich über ihn erhaben

Er wird als Sündenbock gepriesen
Als Außenseiter abgewiesen
Hat keine Chance Fuß zu fassen
Beginnt die Welt und sich zu hassen

Wer ohne Schuld ist, der hebt die Hand
Wer hat sich im Leben noch nie verrannt?
Jeder Mensch macht so seine Fehler
Ein wenig Schuld in sich trägt ein Jeder

Es ist einfach, jemanden anzuklagen
Ohne nach dem Grund zu fragen
Jeder wird unter anderen Umständen geboren
Ohne Gnade hat er längst verloren

Doch mit der Zeit lernte er zu verstehen
Und setzte ein Zeichen für sein Leben
Denn die Liebe kann ihm keiner nehmen
Sie ist ihm vom lieben Gott gegeben

Es sind die kleinen Dinge …

Es sind die kleinen Dinge, die einen glücklich machen
Einfach mal vor Freude lachen
Jeden neuen Tag genießen
Und ihn sich nicht schlechtgelaunt vermiesen

Anderen ein Lächeln schenken
Und nicht nur an sich selber denken
Zu seinen Mitmenschen freundlich sein
Ganz gleich, ob sie groß sind oder klein

Helfen, wo man helfen kann
Man bekommt alles zurück, irgendwann
Hin und wieder auch mal danke sagen
Und nicht nur immer jammern oder klagen

Ich müsste …

Ich müsste dies, ich müsste das
Ach ja, da wäre auch noch was
Deko auf den Speicher bringen
Mich zur Morgengymnastik zwingen

Im Keller Regale an die Wände schrauben
Anschließend aufräumen und gründlich saugen
In der Garage endlich Ordnung machen
Aussortieren der unbrauchbaren Sachen

Ständig und immer was zu tun
Keine Zeit sich auszuruh'n
So ist man immerzu beschäftig
Dazu wird es mir auch noch lästig

Ich würde gerne wohlbedacht
Etwas tun, das mir Freude macht
Bei schönem Wetter Fahrradfahren
Urlauben auf Sylt oder den Kanaren

Wandern auf den höchsten Bergen
Am Strand entlang reiten, auf weißen Pferden
Vielleicht wird es mir irgendwann gelingen
Man müsste einfach mal damit beginnen

Ich habe dich geliebt

Ich habe dich von Herzen geliebt
Für dich gesorgt und auf Händen getragen
Nun sagst du, dass du einen anderen liebst
Bist ohne Erklärung einfach gegangen

Wir hatten eine schöne Zeit
Ich dachte: Eine Liebe für ein Leben lang
Sagte leise: Geh nicht, bitte bleib
Meine Worte kamen nicht bei dir an

Bleiben auch noch so viele Fragen
Sie bringen dich nicht zu mir zurück
Etwas möchte ich dir noch sagen:
Ich wünsche dir von Herzen Glück

Die Trümmer meines Lebens

Ich weiß, ich habe dich oft verletzt
Und unverzeihliche Fehler gemacht
Habe deine Tränen nicht gesehen
Konnte deine Rufe nicht verstehen

Habe immer nur an mich gedacht
Ging meine eigenen Wege
Warst oft alleine und gekränkt
Meine Schuldgefühle einfach verdrängt

Nun stehe ich vor lauter Scherben
Den Trümmern meines Lebens
Willst mich für immer verlassen
Kann dich dafür nicht einmal hassen

Mit der Fahne in der Hand

Lass' dich nicht von anderen kleinreden
Lass' dich nicht aufhalten, auf deinen Wegen
Lass' dir nicht sagen: Das schaffst du nicht
Lass' dir nicht sagen: Du verlierst dein Gesicht

Nur du alleine kennst deine Fähigkeiten
Nur du alleine kennst deine Möglichkeiten
Nur du alleine weißt wer du wirklich bist
Nur du alleine weißt was gut für dich ist

Darum gehe voraus, mit der Fahne in der Hand
Und dem Vertrauen, auf deinen eigenen Verstand
Auch wenn der Wind von allen Seiten weht
Bist du derjenige, der im Sturm sicher steht

Die Geige und ihr Herr

Die Geige und ihr Herr
Mögen sich von Herzen sehr
Legt seinen Kopf auf ihren Bauch
Sie genießt und mag es auch

Streichelt sie liebevoll und zärtlich
Innig und besonders herzlich
Eine Beziehung in Harmonie
Das Klangbild einer Sinfonie

Wer träumt nicht auch mal davon einfach auszusteigen, wenn auch nur für eine kurze Zeit.

Meine Maschine und ich

Meine Sachen sind längst schon gepackt
Ich brauche eh nicht so viel
Reise mit leichtem Gepäck
Ohne bestimmtes Ziel

Will einfach nur fort
Und dem Alltag entflieh'n
Nur meine Maschine und ich
Und der Geruch von Benzin

Ein kleiner Ausflug nach Feierabend mit dem Motorrad kann ein guter Ausgleich sein, um wieder einen klaren Kopf zu bekommen.
Außerdem ist es ein Spaß obendrein.

Mit der Maschine eine Runde drehen

Der letzte Handschlag ist getan
Nun fängt der Feierabend an
Freue mich darauf, in die Garage zu gehen
Um mit der Maschine eine Runde zu drehen

Spüre den Wind um die Nase wehen
Und wie die Alltagssorgen vergehen
Motorsound und Benzingeruch
Auf heißem Asphalt, wie ein Fluchtversuch

Nah bei mir und Freiheit pur
Nirgendwo ein Mensch auf weiter Flur
Auf der Geraden dreh ich den Motor auf
Lasse meinem Freiheitsdrang seinen Lauf

Sinnlose Flausen werden weggeblasen
Im Lederdress auf kurvenreichen Straßen
Ein Vakuum ist im Kopf entstanden
Für neue, hilfreiche, kreative Gedanken

Nach einer Fahrt unter dem Abendhimmel
Kann ein neuer Arbeitstag beginnen
Freue mich wieder darauf in die Garage zu gehen
Um mit der Maschine eine Runde zu drehen

Wenn wir im Leben etwas verändern wollen, dann sollten wir das jetzt tun.

Es ist nie zu spät die Dinge umzusetzen, die wir gerne verwirklichen möchten.

Warum also erst bis zum nächsten Leben warten?

Warum nicht in diesem?

Im nächsten Leben

Im nächsten Leben, da wird alles anders
Im nächsten Leben, nehme ich mir viel mehr Zeit
Werde jeden einzelnen Tag genießen
Ideen werden aus mir sprießen

Werde alle meine Träume leben
Und mutig neue Wege gehen
Werde keine Sekunde mehr verschenken
Meine Gedanken auf das Wesentliche lenken

Werde lernen, nein zu sagen
Gehe auch mal mit dem Kopf durch die Wand
Werde so manche Fehler machen
Bittere Tränen weinen und vor Freude lachen

Werde Menschen unrecht tun
Und bitten um Vergebung
Werde Liebe empfangen und Liebe geben
Das wünsche ich mir, im nächsten Leben

Alles im Leben hat seine Zeit

Alles im Leben hat seine Zeit
Glücksmomente, Freude und Leid
Hoffnung, Glaube und Zuversicht
Trübsal blasen oder ein strahlendes Gesicht

Man wird bittere Tränen weinen
Vor Kummer und Schmerzen leiden
Freudentränen lachen
Herumalbern und Unsinn machen

Wird Freunde verlieren
Neue Freundschaften riskieren
Liebgewonnene Menschen verletzen
Dann wieder ihre Freundschaft schätzen

Der Weg wird manchmal in der Sackgasse enden
Jedoch nie zu spät sein, um wieder zu wenden
Man wird im Leben Brücken errichten
Sie später wieder achtlos vernichten

Das Leben ist mal kunterbunt
Mal läuft es holprig, mal läuft es rund
Ob alleine oder zu zweit
Alles im Leben hat seine Zeit

Mit den folgenden Gedichten möchte ich Ihnen meine Umgebung in der ich lebe etwas näher bringen.

Ich verbinde viele schöne Erinnerungen mit Gei-
lenkirchen.
Deshalb war es mir ein Bedürfnis ein Gedicht über
meine Heimatstadt zu schreiben.

Geilenkirchen - meine Heimatstadt

Geilenkirchen - meine Heimatstadt
Meine Stadt, wo ich geboren bin
Geschwommen im alten Steinbuesch-Bad
Erinnerungen kommen mir in den Sinn

Die Wurm, die unter der Stadt hindurch fließt
Ein Schloss, umrahmt von wunderschönen Wiesen
Was sich wie eine Geschichte aus einem Märchen liest
Sind Bilder, die sich vor meinen Augen ergießen

Die Pfingstkirmes, direkt am Wurmauenpark
Volksfeststimmung auf traditionelle Weise
Das Feuerwerk am letzten Kirmestag
Eine schöne, nostalgische Reise

Wenn die Glocken der Kirche vom Marktplatz her läuten
Wird die Gemeinde zum Gottesdienst gerufen
Zeiten, in denen sich Menschen an der Gemeinschaft erfreuten
Fand man sich füreinander berufen

Geschäfte laden zum Flanieren ein
Gastronomien und Cafés zum Verweilen
Bei geselligen Menschen bleibt keiner allein
Niemand möchte der Gemütlichkeit enteilen

Das Weinfest auf dem Marktplatz um den Brunnen herum
Dort herrscht einmal im Jahr fröhliche Stimmung
Egal welcher Herkunft und ob alt oder jung
Trifft man Leute mit gleicher Gesinnung

Fühle mich in meiner Heimatstadt zu Hause
Weil sie etwas Herzliches und Vertrautes hat
Und mache ich mal vom Alltag eine Pause
Denke ich an Geilenkirchen - meine Heimatstadt

Unweit meines Wohnortes beginnt das Rodebachtal. Von dort aus lässt sich mit dem Fahrrad oder fußläufig die Schönheit des Rodebachtals erkunden.

Das wunderschöne Rodebachtal

Das wunderschöne Rodebachtal
Ist für Naturliebhaber ideal
Wo durch Wälder und Wiesen
Naturbelassene Bäche fließen

Man kann sich beim Wandern und Fahrrad fahren
Der Schönheit des Rodebachtals erlaben
Wo Kopfweiden das Landschaftsbild schmücken
Lassen sich Besucher von ihrem Anblick beglücken

Beim Weiden der schottischen Hochlandrinder
Erfreuen sich Erwachsene und auch Kinder
Mit ihrem rotbraunen zotteligen Fell
Wirken sie majestätisch und originell

Bei einem Trip mit der Selfkantbahn
Erkundet man die Umgebung von Anfang an
Die beliebte romantische Nikolausfahrt
Ist ein Erlebnis der besonderen Art

Die Wassermühlen prägen das Bild der Region
Mit eigener, geschichtlicher Tradition
Ihr besonderer, historischer Wert
Ist für Geschichtsinteressierte sehr begehrt

Auf feuchten Weiden und Wiesen
Wo seltene Blumen sprießen
Wird auf nährstoffreichem Boden
Tieren und Pflanzen eine Heimat geboten

Liebhaber von Landschaft und Natur
Sind eingeladen auf eine Entdeckungstour
Jährlich findet eine große Besucherzahl
Den Weg ins wunderschöne Rodebachtal

Wenn ich an Teveren denke, kommen mir viele schöne Erinnerungen an meine Kindheit und Jugendzeit in den Sinn.

Dort bin ich aufgewachsen, habe am Vereinsleben teilgenommen und Freunde gefunden.

Eine Zeit, die ich nicht missen möchte.

Unser Heidedorf

In unserem schönen Heidedorf
Ist meine Heimatliebe erwacht
Dort habe ich eine unbeschwerte Kindheit
Und schöne Jugendzeit verbracht

Wuchs geborgen und wohlbehütet
Mit vorgelebten Werten auf
Wo jeder, jeden kannte
Ein prägender Lebenslauf

Das umfangreiche Vereinsleben
Bestimmt den Zusammenhalt der Gemeinschaft
Traditionen werden gepflegt
Verschiedene Menschen zusammengebracht

Die Teverener Heide
Ein Wald mit idyllischen kleinen Seen
Eine malerische Heidelandschaft
Durchkreuzt mit naturbelassenen Wegen

Auf dem sandigen, dünigen Boden
Haben wir als Kinder oft Picknick gemacht
Die Moorlandschaft erkunden
Erfreut an der bunten Heidefarbenpracht

Entlang den Feldern mit dem Fahrrad gefahren
Im Dorf Fußball gespielt und vieles mehr
Erwartungsvoll auf die Kirmes gefreut
Und auf das Heideblütenfest mit dem besonderen Flair

Denke oft an mein Dorf und die netten Menschen
An Freundschaften die niemals vergehen
Die Liebe zu meinem Heimatdorf
Bleibt ein Leben lang bestehen

An dieser Stelle möchte ich mich ganz herzlich bei Sabine und bei meinem Sohn Marcus für ihre Unterstützung bedanken und bei meiner Familie für ihr Verständnis.

Weitere Buchempfehlungen

Walter Bertleff
Wahre Lebensfreuden
ISBN: 9783743117228

Walter Bertleff
Ist das Leben nicht herrlich?
ISBN: 9783751955553